www.kidkiddos.com
Copyright ©2013 by S.A. Publishing ©2017 by KidKiddos Books Ltd.
support@kidkiddos.com

All rights reserved. No part of this book may be reproduced in any form or by any electronic or mechanical means, including information storage and retrieval systems, without written permission from the publisher, except in the case of a reviewer, who may quote brief passages embodied in critical articles or in a review.
First edition, 2019

Translated from English by Sophie Troff
Traduit de l'anglais par Sophie Troff
French editing by Valerie Lizotte
Révision en français par Valérie Lizotte

Library and Archives Canada Cataloguing in Publication
Amanda's Dream (French Edition)/ Shelley Admont
ISBN: 978-1-5259-1831-5 paperback
ISBN: 978-1-5259-1832-2 hardcover
ISBN: 978-1-5259-1833-9 eBook

Il était une fois une petite fille nommée Amanda. Amanda ne riait pas et ne souriait pas. Elle était malheureuse.

Amanda avait plein d'amis. Elle avait une famille aimante et vivait dans une grande maison avec toutes les choses que son cœur désirait. Cependant, elle avait toujours l'impression qu'il lui manquait quelque chose.

Elle ne souriait pas quand elle se brossait les dents, se coiffait les cheveux ou même jouait à la poupée.

Tous les soirs avant d'aller au lit, elle s'asseyait avec son père et jouait aux échecs, son jeu favori, mais cela ne l'égayait pas.

Un jour, Amanda était assise sur un banc dans le parc et lisait son livre préféré.

Sortie de nulle part, une femme apparut. Elle portait une belle robe rose, avait des cheveux ondulés et soyeux, et de grands yeux bleus.

– Bonjour, Amanda, dit la femme en s'approchant du banc. Pourquoi es-tu triste?

– Je ne suis pas triste, répondit Amanda. C'est juste que je n'ai pas envie de sourire.

– Tu es sûre? Tu sembles contrariée, répondit l'étrange femme.

Amanda décida qu'elle devait parler à quelqu'un. Elle confia à la femme à quel point elle était malheureuse.

Alors qu'Amanda déballait d'une traite toutes ses émotions, elle se mit à pleurer.

Soudain, Amanda cessa de pleurer, regarda l'étrange femme et demanda :
– Qui êtes-vous et comment connaissez-vous mon nom?

– Je suis la fée des rêves, dit la femme. Je suis là pour t'aider.

Amanda écouta attentivement.
– Tu as juste besoin d'un rêve, d'un but, continua la fée.

– Je sais! J'aimerais tellement en avoir un. Tous mes amis ont un rêve, dit Amanda avec excitation, et vous savez quoi? Leurs rêves deviennent réalité.

– Danny rêvait de faire du vélo, et la semaine dernière, il a appris à pédaler tout seul.

– Lilian rêvait d'être danseuse de ballet, et maintenant elle prend des cours de danse et danse dans différents spectacles.

– J'ai vraiment envie de réaliser un rêve, moi aussi. Je ne sais pas comment en avoir un.

– Un rêve n'est pas une chose qu'on peut te donner, dit la fée des rêves. Tu dois le trouver dans ton cœur. Ne t'inquiète pas, ce n'est pas aussi difficile que ça en a l'air. Je peux t'aider.

Après cela, elle disparut comme si elle n'avait jamais été là.

Qu'est-ce que je veux? Je sais, je veux plein de bonbons, pensa Amanda en rentrant chez elle. Non, pourquoi ai-je besoin de plein de bonbons? J'en mangerai un peu et je n'en voudrai plus.

Je veux plein de poupées de toutes sortes, pensa-t-elle, mais elle changea encore d'avis. Non, je n'ai pas besoin d'autres poupées. J'en ai déjà assez.

Amanda la regarda et essuya ses larmes. Elle se sentait beaucoup mieux maintenant.

– Tout ce que tu dois faire, c'est rentrer chez toi et réfléchir à ce que tu désires, continua la fée. Fais la liste de tes activités préférées et des raisons pour lesquelles tu les aimes.

Alors qu'est-ce que je veux? Amanda continua de réfléchir à ce que pourrait être son rêve. Peut-être un mignon petit chien?

Non, ce serait mieux d'avoir de nouveaux crayons ou de jolies boucles d'oreilles. Ou peut-être que j'aimerais être une actrice célèbre ou une princesse?

Elle imagina lire ses livres préférés et jouer avec ses amis. Elle pensa musique, danse et peinture.

Elle pensa, pensa, pensa, mais elle ne savait toujours pas ce qu'elle voulait.

Elle continua de réfléchir même quand son père rentra à la maison après le travail. Comme chaque soir, Amanda et son père jouèrent aux échecs.

Elle s'amusa tellement en jouant aux échecs ce soir-là qu'elle oublia sa conversation avec la fée des rêves.

Cette nuit-là, quand Amanda s'endormit, elle fit un rêve.

Dans son rêve, elle franchissait les portes d'un grand bâtiment. Puis elle longeait un long couloir en suivant le son de voix excitées, jusqu'à ce qu'elle arrive dans une grande salle.

C'était une compétition d'échecs. Elle regarda autour d'elle et entendit les haut-parleurs appeler son nom. Elle allait être la prochaine à jouer!

Au premier tour, Amanda joua contre des enfants de son âge et gagna toutes les parties. Elle était passionnée, déterminée et étonnamment douée aux échecs.

Au tour suivant, elle joua contre des enfants plus âgés et remporta encore toutes les parties.

À la fin de la journée, elle fut nommée Championne d'échecs.

Amanda se réveilla folle de joie. Le rêve semblait si réel ! Elle voulait être championne d'échecs. Elle prit un stylo, griffonna « championne d'échecs » sur un bout de papier et sortit en courant de sa chambre.

*Elle sauta dans les bras de son père et s'écria :
– Je vais être une championne d'échecs!*

*Le père d'Amanda sourit, la serra fort et lui dit :
– Je crois en toi, ma chérie.*

Quelques jours plus tard, une compétition d'échecs devait avoir lieu à l'école. Il y avait beaucoup de fébrilité dans l'air.

Amanda était nerveuse au début, mais elle était convaincue qu'elle allait gagner. Après tout, elle avait remporté le championnat dans son rêve.

Dès le début de la compétition, cependant, il fut évident qu'Amanda n'était pas une joueuse aussi douée qu'elle le pensait. Elle perdit le tout premier match.

Elle était vexée et déçue d'elle-même. Ce n'était pas du tout comme la compétition dans son rêve.

Triste et découragée, Amanda arriva à la maison. Elle s'assit sur le lit et se mit à pleurer.

Comment cela a-t-il pu arriver? *pensa-t-elle*. J'en ai rêvé. J'aurais dû gagner!

– Pourquoi pleures-tu, ma chérie? dit une voix familière. La fée des rêves était assise à côté d'elle.

– Quel est l'intérêt d'avoir un rêve s'il ne se réalise pas? répondit Amanda.

La fée des rêves passa un bras autour de l'épaule d'Amanda.
– Pour que ton rêve se réalise, tu dois t'entraîner, expliqua-t-elle gentiment. Tu dois travailler dur et essayer encore et encore jusqu'à ce que tu y arrives.

Amanda écoutait attentivement la fée des rêves; elle savait qu'elle avait raison.

– Veux-tu vraiment, vraiment être une championne d'échecs? demanda la fée.

– Plus que tout au monde.
Amanda sourit et arrêta de pleurer.

La fée des rêves s'approcha d'Amanda et murmura :
– Alors tu sais ce que tu dois faire.

Avant qu'Amanda ne puisse ajouter un mot, la fée disparut.

Amanda réfléchit un moment, sauta du lit et courut voir son père.

– Papa! s'écria-t-elle. Je veux être une championne d'échecs.

– Je sais, Amanda, tu me l'as déjà dit. Mais comment vas-tu y parvenir? demanda-t-il.

– Je veux m'inscrire au club d'échecs et je vais m'entraîner tous les jours. Je ne veux même pas regarder la télé ou jouer avec mes jouets — je veux seulement faire ça.

– Tu es sûre? demanda son père.

– Oui! répondit Amanda. Je vais tout faire pour être championne d'échecs.

– Je suis fier de toi, ma chérie, je sais que tu réussiras.

Son père la serra dans ses bras. Le visage d'Amanda s'illumina de fierté et de joie.

Amanda commença à s'entraîner pour la prochaine compétition. Elle passait la plupart de ses journées à jouer aux échecs.

Elle prenait des cours au club d'échecs, s'entraînait sur l'ordinateur à la maison et jouait aux échecs avec son père le soir.

Ça ne la dérangeait pas de ne pas jouer à la poupée ou de ne pas regarder la télé — elle se concentrait sur son but : devenir la meilleure joueuse d'échecs possible.

Finalement, le jour de la compétition suivante arriva. Amanda se battit avec fougue lors de la première partie et affronta ensuite le garçon contre lequel elle avait perdu dans la précédente compétition.

– Tu es prête à perdre encore? demanda le garçon d'un air moqueur.

Amanda se contenta de sourire. Au fond de son cœur, elle savait qu'elle était prête.

Le match commença immédiatement. Amanda gagna facilement et était très excitée à l'idée de continuer à jouer.

Elle remporta le deuxième match, puis le troisième, le quatrième et ainsi de suite. Chaque match était plus difficile que le précédent, mais grâce à son travail acharné et sa détermination, Amanda gagnait à chaque fois.

À la fin de la journée, Amanda remporta le titre de Championne d'échecs de l'école.

Elle montra fièrement sa médaille et son trophée à sa famille et à ses amis. Elle était très heureuse, et elle savait qu'elle pouvait accomplir tout ce qu'elle désirait vraiment.

C'est ainsi qu'Amanda a trouvé son rêve et l'a réalisé.

Depuis ce jour, Amanda n'est plus jamais triste. Elle sait déjà quel sera son prochain rêve et ce qu'elle doit faire pour qu'il se réalise.

Et toi?

Quel est ton rêve et que feras-tu pour le réaliser?

www.ingramcontent.com/pod-product-compliance
Lightning Source LLC
LaVergne TN
LVHW072021060526
838200LV00008B/224